BEI GRIN MACHT SICH IHR WISSEN BEZAHLT

- Wir veröffentlichen Ihre Hausarbeit,
  Bachelor- und Masterarbeit

- Ihr eigenes eBook und Buch -
  weltweit in allen wichtigen Shops

- Verdienen Sie an jedem Verkauf

Jetzt bei www.GRIN.com hochladen und kostenlos publizieren

GRIN

Désirée Schmidt

Mütter in der Familie - Lebenssituation, Erziehungsaufgaben, Wünsche

GRIN Verlag

Bibliografische Information der Deutschen Nationalbibliothek:

Die Deutsche Bibliothek verzeichnet diese Publikation in der Deutschen National-
bibliografie; detaillierte bibliografische Daten sind im Internet über http://dnb.d-
nb.de/ abrufbar.

Impressum:

Copyright © 2006 GRIN Verlag GmbH
Druck und Bindung: Books on Demand GmbH, Norderstedt Germany
ISBN: 978-3-640-31960-2

Dieses Buch bei GRIN:

http://www.grin.com/de/e-book/75821/muetter-in-der-familie-lebenssituation-
erziehungsaufgaben-wuensche

GRIN - Your knowledge has value

Der GRIN Verlag publiziert seit 1998 wissenschaftliche Arbeiten von Studenten, Hochschullehrern und anderen Akademikern als eBook und gedrucktes Buch. Die Verlagswebsite www.grin.com ist die ideale Plattform zur Veröffentlichung von Hausarbeiten, Abschlussarbeiten, wissenschaftlichen Aufsätzen, Dissertationen und Fachbüchern.

Besuchen Sie uns im Internet:

http://www.grin.com/

http://www.facebook.com/grincom

http://www.twitter.com/grin_com

Johann Wolfgang Goethe-Universität, Frankfurt/Main

WS 05/06

Mütter in der Familie – Lebenssituation, Erziehungsaufgaben, Wünsche

Von Désirée Schmidt

Ausarbeitung zum Referat

„Perspektiven der Familienerziehung in der sozialpädagogischen Praxis und in der Forschung"

Inhaltsverzeichnis

1. Einleitung

In der Ausarbeitung zu dem Referat im Rahmen des Seminars: „Perspektiven der Familienerziehung in der sozialpädagogischen Praxis und in der Forschung"
geht es um das Thema: „Mütter in der Familie – Lebenssituation, Erziehungsaufgaben und Wünsche". Um uns dem Thema zu nähern, erläutern wir zu Anfang die „gute Mutter" im geschichtlichen Kontext. Wir beschreiben, wie sich die Vorstellung, die Normen was eine „gute Mutter" ausmacht, im Laufe der Geschichte verändert haben, die Lebenssituation der Mütter und die daraus resultierenden Erziehungsaufgaben. Wir beschreiben das normative Muster „Mutterliebe" seit seiner Entstehung im 18. Jahrhundert bis in die Gegenwart.

In diesem Teil der Ausarbeitung haben uns an den Büchern „Die gute Mutter – Zur Geschichte des normativen Musters ‚Mutterliebe'" von Yvonne Schütze und „Familienformen im Sozialen Wandel" von Rüdiger Peuckert orientiert.

Um unsere Leitfrage der Ausarbeitung aufrecht zu erhalten, wie viel Mutter ein Kind braucht, geht der nächste Teil auf die wichtige Mutter-Kind-Beziehung und auf die Folgen von Mutterentbehrung ein, sowie auf die draus resultierende so genannte Deprivation. Hier beziehen wir uns auf John Bowlby, „Mutterliebe und kindliche Entwicklung". Die Ausarbeitung schließt ab mit einer Ausführung über die aktuelle Lebenssituation und die Wünsche von heutigen Müttern und zieht ein Resümee zu den Fragen nach der „guten Mutter", auch aus dem Blickwinkel der „Medikalisierung" und „Psychologisierung" der Familienerziehung, und wie viel Mutter ein Kind braucht. Bei allen Ausführungen wird drauf Wert gelegt darzulegen, woher die Ergebnisse stammen und wie sie erhoben worden sind.

2. Die „gute" Mutter im geschichtlichen Kontext - Ende des 18.Jahrhundert bis 20. Jahrhundert

Wir wollen aufzeigen wie eine Frau, die meistens auch Kinder, aber ansonsten ihre Position und Aufgaben in der Gesellschaft hatte, im Laufe der Geschichte, beginnend mit der bürgerlichen Familie durch „Medikalisierung" und „Psychologisierung" zur „guten Mutter" gemacht wird und wie sich das Bild einer „guten Mutter" im Spiegel der gesellschaftlichen und ökonomischen Anforderungen ändert; Die Anschauung, dass eine Frau mit Kindern vor allem Anderen „gute Mutter" zu sein hat und das Wohl und Wehe der Nachkommenschaft und damit der ganzen Gesellschaft auf ihren Schultern ruht, fängt erst langsam an Risse zu bekommen.

Wir orientieren uns an dem Buch von Yvonne Schütze:

Die gute Mutter – Zur Geschichte des normativen Musters „Mutterliebe".

Bis in das späte 18.Jahrhundert bestand die Wirtschafts- und Sozialform des so genannten „ganzen Hauses" oder der „Hausgemeinschaft ". Die Familie war vor allem eine Arbeitsgemeinschaft. Es gab keine eindeutige Trennung zwischen Häuslichem- und Arbeitsleben, zwischen Reproduktion und Produktion.

Die Beziehungen zwischen Eltern und Kindern bestanden aufgrund des gemeinsamen Wirtschaftens. Auch die Mutter – Kind Beziehung bestand als eine naturgegebene Versorgungsgemeinschaft. Da der Haushalt eine Vielzahl von Personen umfasste (Eltern, Amme, Kinderfrau, Gesinde, Verwandte usw.) konnten die Kinder zu jeder ihre ganz eigenen Beziehungen aufnehmen.

In der patriarchalischen Hausgemeinschaft waren die Eigenschaften der Frau noch vor allem durch ihre Position, definiert .

„Frau oder Weib ist eine verehelichte Person,
 so ihres Mannes Willen und Befehl unterworfen,
die Haushaltung führet, und in selbiger ihrem Gesinde vorgesetzt ist .."
(Zedler 1735) [1]

Der Übergang von der Hausgemeinschaft zur bürgerlichen Familie begann mit der Trennung von Haushalt und Betrieb.

---

[1] Schütze: Zit. S. 23, zit. n. Hausen 1976, S.370

Diese war jedoch im frühen 19. Jahrhunderts noch keineswegs durchgängig strukturiert.

Im gehobenen Bürgertum, bei Beamten und Angehörigen der freien Berufe war die ganztägige Abwesenheit des Mannes noch nicht die Regel. Auch wurden in den Haushalten noch zahlreiche Gebrauchsgegenstände und Esswaren hergestellt. Es wurde eingekocht, gebacken, Seife gekocht und oft tagelang genäht. Diese Arbeiten fanden nicht etwa auf einem Bauernhof statt, sondern in der Stadt. (vgl. Schütze S.35)

Frauen deren Männer ein Geschäft oder einen Betrieb führten arbeiteten ganztägig mit.

Die Kinder wurden von Personal betreut.

Nach Schütze ist der Übergang von der Hausgemeinschaft zur bürgerlichen Familie gekennzeichnet durch die Verwissenschaftlichung der Mutter-Kind Beziehung.

Ab dem späten 18. und dem 19.Jahrhundert durch die Ärzte (Medikalisierung),

ab dem 20.Jahrhundert durch die Psychologen (Psychologisierung).

Die Wissenschaft fundiert die Trennung von Haushalt und Betrieb, indem sie der Frau das Innen, die Familie, dem Mann das Außen, den Beruf zuordnet.

Geschlechtscharaktertheoretiker definieren das Wesen der Frau, aus ihrer physiologischen und psychologischen „Natur". Und diese ist komplementär zu der des Mannes.

„Daher offenbart sich in der Form des Mannes mehr die Idee der Kraft, in der Form des Weibes mehr die Idee der Schönheit ... Der Geist des Mannes ist mehr schaffend, aus sich heraus in das Weite wirkend, zu Anstrengungen, zur Verarbeitung abstracter Gegenstände, zu weitaussehenden Plänen geneigter; unter den Leidenschaften und Affecten gehören die raschen, ausbrechenden dem Manne, die langsamen, heimlich in sich selbst gekehrten dem Weibe an. Aus dem Manne stürmt die laute Begierde; in dem Weibe siedelt sich die stille Sehnsucht an. Das Weib ist auf einen kleinen Kreis beschränkt, den es aber klarer überschaut; es hat mehr Geduld und Ausdauer in kleinen Arbeiten. Der Mann muß erwerben, das Weib sucht zu erhalten, der Mann mit Gewalt, das Weib mit Güte oder List. Jener gehört dem geräuschvollen öffentlichen Leben, dieses dem stillen häuslichen Zirkel. Der Mann arbeitet im Schweiße seines Angesichts und bedarf erschöpft der tiefen Ruhe; das Weib ist geschäftig immerdar, in nimmer ruhender Betriebsamkeit. Der Mann stemmt sich dem Schicksal selbst entgegen, und trotzt schon zu Bode liegend noch der Gewalt; willig beugt das Weib sein

5

Haupt und findet Trost und Hilfe noch in seinen Thränen." (Conversations-Lexikon oder Handwerkerbuch für die gebildeten Stände Band 4, Leipzig 1815)[2]

In der Familie ergänzten sich diese Naturen zur Harmonie, aber außerhalb der Familie herrsche die Persönlichkeitsstruktur des Mannes. Die Frau sei der Außenwelt schutzlos ausgeliefert und im Prinzip dem Untergang geweiht.(vgl. Schütze S.55)

Der Geschlechtscharakter der Frau ist auch durch Mütterlichkeit gekennzeichnet. Die Liebe zum Kind, zum Gatten und zur Hausfrauenarbeit liegt im Wesen der Frau und folgt konsequent aus ihrer Natur. Mutterliebe ist natürlich und in reichem Maße vorhanden.

Von der Mutter wurde noch nicht erwartet, dass sie allein für Erziehung und Pflege zuständig sei. Die Forderung dem Kind allein Tag und Nacht verfügbar zu sein, erscheint erstmals im 20 Jahrhundert. In den Autobiographien vor dieser Zeit werden stets Verwandte, Freunde, Nachbarn, Ammen, Kinderfrauen und Dienstboten erwähnt. Die Frau habe sich lediglich an Pflege und Wartung des Kindes beteiligen und die Bezugspersonen und etwaige Unterbringungsorte mit Sorgfalt auswählen. Das Ammenwesen war noch zu Beginn des 20. Jahrhundert weder bei den Experten allgemein diskreditiert, geschweige denn abgeschafft (vgl. Schütze S.61).

Die Definition des weiblichen Geschlechtscharakters wird vor allem von Medizinern begründet.

„ Das zweite Moment, nach welchem in dem Weibe das *innerliche* Leben, Bilden und Erhalten, im Manne dagegen das Schaffen und Wirken im Aeußeren vorwaltet,
ist schon darin angedeutet, daß die Eierstöcke im Inneren des Beckens, die Hoden hingegen außerhalb der Rumpfhöhle, wie kein plastisches Organ von gleich hoher Bedeutung liegen." (Burdach 1837)[3]

Gleichzeitig wird der Arzt als Repräsentant der Wissenschaft zum Erzieher der Frau. Er ersetzt - zumindest teilweise – die auf Tradition beruhende Verfügungsgewalt des Hausvaters über Pflege und Aufzucht des Kindes durch empirisches Wissen. (vgl. Schütze S.21)

Ihm geht es vor allem um die strikte Einhaltung der ärztlichen Regeln.

---

[2] Schütze: Zit. S.24, zit. n. Hausen 1976, S. 367
[3] Schütze: Zit. S.24, zit. n. Honegger 1985

Die Erziehungserfolge auf dem moralisch-sittlichen Gebiet stellen sich dann von selbst ein.

Der königliche Leibarzt Dr. Christian Hufeland schreibt in seinem Ratgeber „Guter Rath an Mütter über die wichtigsten Punkte der physischen Erziehung der Kinder in den ersten Jahren.", der zwischen 1799 und 1865 zehn mal aufgelegt wurde:

„Man kann versichert sein, dass man durch eine diesen Grundsätzen angemessene physische Erziehung nicht blos den Körper, sondern auch die Seele bildet, und dass man schon im ersten Jahre dadurch selbst den Seelenorganen eine ungemein glückliche Richtung geben kann, die die nachherige moralische Bildung unbeschreiblich erleichtert, ja die nach meiner Meinung ein wesentliches Stück derselben ist. – Denn wie viele Schiefheiten der Denkart und des moralischen Gefühls sind im Grunde nichts weiter, als Kränklichkeiten des körperlichen! Und ich bin völlig überzeugt, dass ein gesunder Zustand der Organisation und naturgemäße Vertheilung und Harmonie der Kräfte der wesentliche Grund von der edlen Gabe ist, die man gesunden Menschenverstand, bon sens, nennt und die eigentlich nichts anderes ist, als ein gehöriges Gleichgewicht und die harmonische Brauchbarkeit der Seelenkräfte. ( ) Man erlaube mir nun, die vorzüglichsten Mittel, wodurch man diese Ideen schon von Anfang an in Ausübung bringen kann, anzugeben. Sie heißen: kaltes Waschen, lauwarme Bäder, tägliches Luftbad, Reinlichkeit. Sind gleich diese Mittel sehr einfach und nicht unbekannt, so habe ich doch leider gefunden, dass sie entweder gar nicht, oder doch nicht auf die rechte Art und in der nöthigen Verbindung angewendet werden; und dennoch sind sie es gerade, von denen ich völlig überzeugt bin, daß durch sie am meisten der große Zweck gesunde, dauerhafte und brauchbare Menschen zu bilden erreicht werden kann." (Hufeland 1865, S. 23-24) [4]

Die Zeit der naturgegebenen Versorgungsgemeinschaft ist vorbei.

Eine „gute Mutter" müht sich redlich den Anordnungen der Ärzte Folge zu leisten und somit gesunde, intelligente und moralisch einwandfreie Kinder zu gerieren.

Im 19. Jahrhundert kämpfen „Gute Mütter" gegen die Überfütterung:

„ Aber während die Erwachsenen sich morgens an den verschiedensten warmen Eier-, Fisch-und Fleischspeisen erfreuen durften, erhielten wir zur Hafergrütze Milch, Butter und Brot, höchstens noch etwas Obst ... Weswegen die Großmutter und die gebrechliche Tante fünf

---

[4] Schütze: Zit. S.29

Gerichte brauchten und wir kräftigen, den ganzen Tag herumtollenden Kinder uns mit den paar Treibhaustrauben oder einem halben Pfirsich begnügen sollten, ist schwerlich logisch, war jedoch damaliger *Glaubenssatz*." (Hervorhebung – Y.S.; Bunsen 1929, S.20)[5]

„Gute Mütter" haben „epidemische Angst" vor dem Verwachsen ihrer Kinder und reagieren darauf mit Streckbetten und Geräten zum Geradehalten:

„Indeß Alles in Allem genommen befanden wir uns, da der Körper sich in der Jugend viel bieten lässt, vortrefflich, als mit einem Male durch die Zeitungen, oder Gott weiß durch welche Mittheilungen angeregt, sich über unsere Mütter die epidemische Angst vor dem Verwachsen ihrer Kinder zu verbreiten begann. Daß wir grade gingen und uns nichts Uebles anzusehen war, beruhigte unsere Mütter ganz und gar nicht, und half uns nichts. In allen Familien wurden Haussuchungen nach beginnenden Verkrümmungen gehalten, es war ein wahres Missgeschick über uns hereingebrochen, und ehe wir uns versahen, bestanden wir aus lauter Gebrechlichen, und wurden Behufs der mit uns zu beginnenden Kuren dezimiert. Drei Cousinen von mir, ( )
kamen in die neuerrichtete Königsberger orthopädische Anstalt, ( ) diese und jene von meinen Freundinnen bekamen in ihren Familien fabelhafte Maschinen zu tragen, und wurden nachts auf Streckbetten geschnallt; kurz es schien, als könnten unsere Mütter erst zur Ruhe kommen, wenn ihnen irgend ein Arzt die Gewissheit gegeben hatte, dass sie auch so unglücklich wären, angehende Krüppel unter ihren Kindern zu haben." (Lewald 1871,
S. 262-263)[6]

Und „gute Mütter" härteten ihre Kinder ab. Sie bekamen kalte Wassergüsse und gingen auch im Winter mit kurzen Söckchen und nackten Beinen. (vgl. Schütze S. 43)

Mit dem Fortschreiten der Industrialisierung werden pflichtbewusste und disziplinierte, aber auch gehorsame Untertanen benötigt. Die Medizin gibt dazu die spezifischen und technokratischen Anweisungen, die mit den gesellschaftlichen Erziehungszielen, wie Ordnung, Sauberkeit und Pünktlichkeit korrespondieren.

Hatte Hufeland hatte noch als Sozialisationsziele den „bons sens", „gesunden Menschenverstand" und den „reinen natürlichen Sinn", redet Trumpp einige Jahrzehnte später von künftigen Patrioten", und von der Pflicht, sich dem Staate unterzuordnen.

---

[5] Schütze: Zit. S.41/42
[6] Zit. Schütze S. 42

„ Mit der *Erziehung zur Ordnung* beginnt man schon wenige Tage nach der Geburt, indem man dem Kleinen nicht jedes Mal, so oft er sich meldet , sondern nur zu bestimmten Tageszeiten die Brust bzw. später die Flasche reicht ... Die Eltern sollen vielmehr vom ersten Lebenstag des Kindes an in Pflege und Wartung nur das tun, was sie für vernünftig und richtig halten, sollen sich vom Kind nichts abschmeicheln oder durch unartiges Geschrei abtrotzen lassen. Dann erreichen sie, dass das Kind aus dem Traumleben seiner sersten Lebenszeit zum Bewusstsein seiner selbst erwachend, den seinen Eltern schuldigen Gehorsam für etwas ganz Selbstverständliches hält. Es wird nicht zu einem jener gefürchteten, launischen und meist missvergnügten Tyrannen seiner ganzen Umgebung, sondern wächst in der zunehmenden Erkenntnis auf, dass es nur der Teil einer Gemeinschaft – zunächst der Familie, später des Staates – ist, der sich ein- und unterzuordnen seine Pflicht ist, der zu dienen seine Lebensaufgabe sein soll." (Trumpp 1921, S. 114 – 116)[7]

„Mutterliebe" hat sich beinahe ausschließlich in Disziplinierungsmaßnahmen zu äußern.

Mütterliche Zärtlichkeit wird als Schwäche ausgelegt und beim Kind werden Wünsche nach Zuwendung ohnehin nicht vermutet. Analog zur Pflichterfüllung des Mannes im Beruf, wird „Mutterliebe" mit Pflichterfüllung gleichgesetzt. Pflichterfüllung herrscht aber auch in allen anderen Lebensbereichen der Frau.

„ Alles, was Mama z.B. tat, wenn sie ein recht unzufriedenes Gesicht dazu machte erklärte sie für Pflichterfüllung: die schmutzige Wäsche selber zählen. Obwohl drei Dienstboten daneben standen, die Zutaten zum Kochen herausgeben, obwohl wir eine vortreffliche französische Köchin hatten, nachmittags mit mir spazieren gehen, obwohl wir uns beide schrecklich dabei langweilten, - ja selbst die Dämmerstunden bei Papa, wo er zu Frau und Kind gern zärtlich war, schienen mir nach ihrem Ausdruck zu schließen, in dieses Gebiet zu gehören." (Braun 1924, S. 39)[8]

Eine Frau konnte als Mutter in keinem Fall genügen.

---

[7] Zit. Schütze S. 69
[8] Zit. Schütze S. 31

Erfüllte sie ihre Pflicht handelte sie gegen ihre Natur ,die zu weich, schwach, gefühlsbetont ist. Handelte sie ihr gemäß, verstieß sie gegen die Erziehungsgrundsätze der Experten und erfüllte damit nicht ihre Pflicht.

Und doch gilt in der Wende zum 20. Jahrhundert „Mütterlichkeit" als der zentrale Bestandteil des Geschlechtscharakters der Frau und kann durch Bildung und Erwerbstätigkeit nicht zerstört werden, deshalb wird kinderlosen Frauen das Recht und die Fähigkeit einen Beruf auszuüben nicht abgesprochen. Für Mütter kommt Erwerbstätigkeit nicht in Frage.

2.1. Methode

Yvonne Schütze, Professorin an der Humbold-Universität in Berlin (Philosophische Fakultät. Institut für allgemeine Pädagogik, Abteilung Soziologie und Pädagogik) betreibt in ihrem Buch „Die gute Mutter – Zur Geschichte des normativen Musters ‚Mutterliebe'" eine historische Studie, die bis in die Gegenwart reicht.

Sie benutzt die Methode der Inhaltsanalyse damaliger Verlautbarungen zum Thema „Mutterliebe". Diese sind medizinische und pädagogische Ratgeber, autobiographische Quellen und Stellungnahmen der Frauenbewegung.

Sie folgt in der Auswahl ihrer Quellen der historischen Entwicklung der Ratgeberliteratur.

Seit dem späten bis ins frühe 20. Jahrhundert sind es vor allem Ärzte und Pädagogen,

ab 1920 Psychologen und psychologisch argumentierende Ärzte, die die Normen für „Mutterliebe" setzen.

Schütze hat nicht den Anspruch ein repräsentatives Sample der Ratgeberliteratur zu präsentieren, sondern trifft ihre Auswahl nach folgenden Gesichtspunkten:

Zuerst wählt sie die Publikationen von Ärzten, die zu ihrer Zeit als Kapazitäten der Pädiatrie galten. Dies macht sie an der Zahl der Auflagen und an der Bedeutung, die ihnen noch heute in der historischen Forschung über die Entwicklung der deutschen Pädiatrie zugewiesen wird, fest. wählt sie die Ärzte die sich in ihren Schriften direkt an die Mütter wandten und drittens hat sie noch weitere ärztliche Ratgeber durchgesehen, um zu kontrollieren, ob eine generelle Übereinstimmung mit den als typisch ausgewählten Ärzten herrscht.

Auf die zweite Expertengruppe, die Pädagogen ist sie nur flüchtig eingegangen, da die Aufklärungspädagogik nicht Wissenschaft zum Kronzeugen ihrer Argumentation mache, sondern ihre Anschauungen aus philosophischen und moralischen Idee über Sein und Sollen des Menschen ableite.

Die Psychologen des 20. Jahrhunderts hat sie unter dem Gesichtspunkt ausgewählt, wie groß ihr Einfluss, sowohl innerhalb der wissenschaftlichen Diskussion, als auch in der breiten Öffentlichkeit, zum jeweils angesprochenen Zeitraum ist, ablesbar an der Menge der Sekundärliteratur, die sich auf den jeweiligen Autor bezieht. Bei den psychologischen Schriften handelt es sich ebenfalls, bis auf wenige Ausnahmen um Beiträge, die sich explizit an die Mütter wenden.

Stellungnahmen der Frauenbewegung zum Thema „Mütterlichkeit" hat sie aufgenommen, um zu demonstrieren, dass „Mutterliebe" als normatives Muster nicht etwa eine Erfindung der Männer darstelle, die gegen den Willen der Frauen durchgesetzt wurde, sondern dass diese „Mutterliebe" als normative Verpflichtung zu ihrer eigenen Sache gemacht hätten.

Sie verwendet autobiographische Quellen um Hinweise darauf zu geben, dass die Klientel der Ratgeberliteratur, die Mütter, von den jeweiligen normativen Konzepten nicht unberührt blieben. (vgl. Schütze S. 15f)

Yvonne Schützes Untersuchung setzt Ende des 18.Jahrhunderts ein, da „Mutterliebe" zu diesem Zeitpunkt schon ein relativ ausgearbeitetes Muster darstelle.

Sie behandelt die frühe Mutter-Kind-Beziehung , da für die ersten Lebensjahre Normatierung des Musters am deutlichsten ausgeprägt sei. (vgl. Schütze S.7)

3. Mütter in der Familie - Lebenssituation und Erziehungsaufgabe seit der deutschen Nachkriegszeit

Seit Anfang des 20. Jahrhunderts hat sich die Medikalisierung der Erziehung in Deutschland durchgesetzt. Die bestmögliche physische Pflege des Kindes ist also gegeben und die Säuglingssterblichkeit dadurch stark gesunken.

In den USA setzt sich daher seit den 1920er Jahren eine Entwicklung durch, die man Psychologisierung nennen kann. In den Vordergrund tritt dabei die psychologische Beziehung zwischen Mutter und Kind. Angestrebt wird zunächst die Vermeidung von psychischen Störungen, später sogar die Erzeugung positiver Merkmale beim Kind. Es gilt sowohl die Lebensqualität des Individuums als auch der Gesellschaft zu verbessern.

In Deutschland tritt diese Entwicklung verzögert auf. Im Nachkriegsdeutschland folgt man weiter alten Erziehungsmaximen wie Disziplin, Ordnung und Reinlichkeit. Zu sehr hält der

Überlebenskampf und Wiederaufbau in Atem. Außerdem bieten die gewohnten Muster in dieser Phase des Umbruchs eine Orientierung.

Erst in den 1960ern erfolgte auch in Deutschland eine Durchrationalisierung der Mutter-Kind-Beziehung und die Psychoanalyse hält Einzug in der Erziehungsszene:

Zunächst mit Anforderungen an die Mutter, wie sie Watson stellt, ihre Gefühle zum Wohle des Kindes zu unterdrücken, vor allem die zärtlicher Natur, und ihr Verhalten zu Professionalisieren. Nur so kann sie ausgleichen, was ihr an natürlicher Kompetenz fehlt, denn - so Watson – die Mutter eignet sich im Grunde nicht besonders für die Erziehung ihrer Kinder und ihre unkontrollierte Mutterliebe wirkt sich negativ auf das Kind aus. Den einzigen Lichtblick in all der mütterlichen Inkompetenz, sieht er in der „modernen Mutter", die ihre gesamten Ressourcen mobilisieren soll um eine wissenschaftlich geleitete Erziehung ihrer Kinder gewährleisten zu können.

Ein Zitat von Watson von 1928 verdeutlicht das gut: „Und schließlich wirst du dich daran erinnern, wenn du in Versuchung bist, dein Kind zu liebkosen, dass Mutterliebe ein gefährliches Instrument ist? Ein Instrument, das eine niemals heilende Wunde schlagen kann, eine Wunde, die eine Kindheit unglücklich, die Jugend zum Alptraum macht, ein Instrument dass das Berufsleben deines erwachsenen Sohnes oder der Tochter ebenso wie ihre Chancen einer glücklichen Ehe vernichten kann."

Bowlby und Winnicot wiederum sind vertreten die Überzeugung, dass gerade die Mutter geeignet für die Erziehungsaufgabe ist und ihre permanente Anwesendheit besonders für kleine Kinder unabdingbar ist. Aber auch nach ihrer Ansicht muss sich die Mutter stark kontrollieren. Gefühlsgeleitet Verhalten, was man im umgangssprachlichen mit „Handlungen aus dem Bauch heraus" bezeichnet, gelten als negativ. Nicht nur ihre unzuträglichen Gefühle muss die Mutter unterdrücken, sondern sogar positive Gefühle bei sich selbst erzeugen. Sie muss Freude empfinden beim Mutter Dasein. Selbst das unbewusste soll sie kontrollieren. Denn zum Beispiel entstünden die sogenannten 3-Monats-Koliken des Kindes nur wegen unbewusster Überängstlichkeit der Mutter, die das Kind spürt. Auch Fehlgeburten seien bedingt durch unbewusste Gefühle von Abneigung gegen das noch ungeborene Kind. Wie man sich diese unbewussten Gefühle überhaupt bewusst machen kann wird ebenso wenig von ihnen beachtet, wie die Tatsache, dass diese strengen Beurteilungen wiederum Ängste in der Mutter auslösen könnten.

Bowlby schreibt darüber 1953: „Und nur wenn sie (die Mutter) ... Befriedigung (in ihrer Beziehung zum Kind) erlebt, ist es für sie leicht, sich ihrem Kind ganz zu widmen. Eine solche Bereitschaft, Tag und Nacht, sieben Tage in der Woche und 365 Tage im Jahr, ist einer Frau nur dann möglich, wenn sie dadurch eine tiefe Befriedigung verspürt."

Und Winnicott geht sogar soweit 1969 zu schreiben: „ Das Vergnügen der Mutter muss da sein, sonst ist die ganze Prozedur tot, sinnlos und mechanisch."

Ganz gleich aus welcher Grundüberzeugung heraus, fordern die Experten nun also die absolute Hingabe und Aufopferung der Mutter für ihre Kinder. Sie erhält die Verantwortung für alle Entwicklungen des Kindes und die absolute Macht über dessen Psyche.

Zusammen mit der antiautoritären Bewegung kommen neue Erziehungsideale zum Tragen: Zuwendung, Wärme, Autonomie und Gewährenlassen. Ziel sind Kinder die sozial und kognitiv kompetent, angstfrei, lebhaft und glücklich sind. Die Mutter wandelt dabei auf dem schmalen Grat zwischen Vernachlässigung und Überfürsorglichkeit. Die möglichen Fehler gelten sowohl als mannigfaltig, als auch als nicht wieder gut zu machen. Messbar wird der Misserfolg direkt am Kind. Und auch hier findet die Angst und Verunsicherung, die das bei der Mutter auslöst keine Beachtung. Überhaupt sind ihre eigenen Bedürfnisse kein Thema. Sie hat ganz für das Kind da zu sein und vor allem daraus Freude zu ziehen. Das sind notwendige Bedingungen für das gedeihen des Kindes.

Mütter sollen deshalb Hausfrauen und nicht erwerbstätig sein. Um das „schmackhaft" zu machen wird der Spieß gerne umgedreht: zu Hause bleiben dürfen wird als Privileg formuliert.

Außerdem wird Druck aufgebaut indem man in Ratgebern, Zeitschriften und anderen Medien eheliche Konflikte und die Schädigung des Kindes bei mütterlicher Berufstätigkeit prophezeit, ganz zu schweigen vom Verlust der Weiblichkeit.

So wird weibliche Berufstätigkeit stark unterschiedlich bewertet: für die kinderlose Frau kommt sie in Frage, für die Mutter nur im Falle der wirtschaftlichen Notwendigkeit, keinesfalls wird sie aus reiner Freude akzeptiert. Die Mutterliebe misst sich somit vorrangig an zeitlicher Quantität ,nicht an Qualität, und Weiblichkeit definiert sich als Mütterlichkeit.

In den USA ist inzwischen schon lange eine neue Richtung abzusehen: die Rückbesinnung auf natürliche Formen von Kompetenz und Mutterliebe wird nach der Verunsicherung als regelrechte Erleichterung wahrgenommen. „Trust Yourself", ein Erziehungsratgeber und Kassenschlager von Dr. Spock, rät sich nicht von Experten und Umfeld verunsichern zu lassen und in Liebe und Respekt auf die eigenen Gefühle zu hören. Fehler sind menschlich, Zärtlichkeit darf wieder voll ausgelebt werden, wird sogar zum Ausdruck von Mutterliebe schlechthin.

Auch hier folgt Deutschland mit einiger Verzögerung. Langsam zeichnen sich Tendenzen ab, die für eine Auflösung zwischen Mutterliebe und Schuld sprechen. Eigene Bedürfnisse der Mütter werden thematisiert. Der Zwang, alles als Mutterglück empfinden zu müssen, nimmt etwas ab.

Aber bis Heute spielen diese ersten Theorien der Psychologisierung eine große Rolle. Die entstandenen Stereotype erweisen sich als hartnäckig, weit verbreitet und selbst von Frauen verinnerlicht. Immer noch gilt es als common-sense, dass Mütter am besten für die Erziehung geeignet sind und dass ein kleines Kind unter der Berufstätigkeit seiner Mutter leidet, auch wenn Studien der letzten 70 Jahre eine bessere Schul-, und Sozialleistung dieser Kinder bescheinigen.

Seitdem aber das gesamte Umfeld von Personen und Institutionen als entwicklungsbildend eingestuft wird, und auch die Väter als Erzieher (in der Tendenz immer egalitärer) in den Blickwinkel gerückt sind, nimmt die Alleinverantwortung der Mutter in der Familie wieder etwas ab.

Auch wenn Frauen in Deutschland in ihrem gelebten Lebensmodell dem gewünschten Lebensmodell noch Weit „hinterherhängen". 1998 waren, laut einer Umfrage von Eichhorn und Thode, 52% der deutschen Frauen Hausfrauen, aber nur 6% auf Wunsch; 16% arbeiteten Vollzeit , den Wunsch danach hatten 32%. Die Bereitschaft, die Berufstätigkeit zugunsten der Kinder zu opfern, ist stark abgeschwächt. Da aber nach wie vor 78% der Frauen laut Umfrage von Allensbach von 1991 der Meinung sind, dass man Familie braucht, um wirklich glücklich zu sein, geht es heute um die Vereinbarkeit von Beruf und Familie. Dadurch stellt sich die Frage: Wie viel Mutter braucht die Familie?

3.1. Methode

Für die aktuellere Entwicklung, den Zeitraum der vergangenen 20 Jahre haben wir uns auf das Buch von Rüdiger Peuckert „ Familienformen im sozialen Wandel" bezogen, erschienen in der 5.Auflage im Verlag für Sozialwissenschaften 2004.

Rüdiger Peuckert ist derzeit Professor für Soziologie an der Universität Osnabrück.

In seinem Buch gibt er einen guten und ausführlichen Überblick über verschiedene Begrifflichkeiten und Formen von Familie. Zunächst der „traditionellen" Form von Familie, aber auch moderne alternative Varianten, die sich bis heute entwickelt haben.. Themen wie Scheidung, Veränderung der Rollen von Männern und Frauen in Beruf und Familie werden von ihm ebenso thematisiert wie demographische Veränderungen oder politischer und gesellschaftlicher Wandel.

Er arbeitet in seinem Buch mit empirischen Daten aus ausgewählten Umfrageergebnissen und offiziellen Statistiken des deutschen statistischen Bundesamts, die sowohl bis in die 1950er Jahre zurückreichen, als auch bis ins Jahr 2002 gehen. Damit lassen sich gut Entwicklungen und Tendenzen beobachten. Da die Entwicklung in den alten und den neuen Bundesländern teils sehr unterschiedlich verlaufen, wurden viele Umfrageergebnisse und statistische Werte nach „Ost" und "West" getrennt um ihre Aussagekraft zu behalten.

Peuckert fokussiert hauptsächlich „die Familie" in Deutschland, nimmt aber auch Statistiken und Umfragen im europäischen Vergleich in seinem Buch mit auf.

Er selbst weist auf eine gewisse unvermeintliche Subjektivität seiner Arbeitsmethode hin.

Die Daten auf die er sich stützt sind durchaus glaubwürdig gewonnene empirische Daten. Bleibt trotzdem die Frage offen, mit welcher Methode sie ausgewertet wurden. So kann man einzelne Antworten stärker gewichten oder zählen als andere. (Nicht ganz ohne Grund gibt es im Volksmund das Sprichwort: „ Traue keiner Statistik, die du nicht selbst gefälscht hast.")

Sie können also auf verschiedene Art und Weise wiedergegeben, zusammengefasst und interpretiert werden.

Um noch einen Schritt weiter zu gehen kann man sagen, dass allein die Fragestellung derer, welche die Umfrage gestalten subjektiv ist und möglicherweise sogar beeinflussend gestellt wird. Auch weiß man nicht unbedingt unter welchen Bedingungen die Befragten antwortet haben, ob zum Beispiel deren Anonymität gewährt wurde.

Darüber hinaus ist die Auswahl an Quellen, auf die man sich stützen kann, teilweise enorm groß und daher unübersichtlich. Eine Auswahl muss also getroffen werden und diese ist ebenso immer subjektiv.

Der Vorteil dieser Methode ist also sein hoher Informationsgehalt auf wissenschaftlicher Basis, eine starke Aussagekraft und eine sehr gute Vergleichsmöglichkeit zu anderen Ländern und geschichtlichem Kontext, die auch eine Entwicklung beobachtbar machen.

Die zuvor genannten Nachteile sollten jedoch immer professionell reflektiert werden.

4. Mutter-Kind-Beziehung, Mutterentbehrung, Deprivation

Um uns der Studie zu nähern möchten wir vorab einige Begriffe erläutern. Im Folgenden wird es darum gehen wie wichtig für ein Kind die Beziehung zur Mutter ist und welche Folgen die daraus entstehende Deprivation haben kann, wenn ein Säugling oder Kleinkind seine Mutter entbehren muss.

Marie Meierhofer (1971) macht im Gleitwort von John Bowlby (1972): Mutterliebe und kindliche Entwicklung drauf aufmerksam, dass er 1952 in seiner Publikation „Maternal Care and Mental Health" darauf hin weisst, dass kleine Kinder und Säuglinge, wenn sie in Heimen oder anderen Institutionen leben, Entwicklungschädigungen erleiden. Untersuchungen in vielen Ländern bestätigen dies. Säuglinge und kleine Kinder brauchen für ihre normale Entwicklung außer der medizinischen Pflege, den seelischen Kontakt zur Mutter oder einer Ersatz-Person, welche es vergleichbar bemuttert. (Vgl. Bowlby 1972, 7f)

Ein Kind braucht in den erste Lebensjahren von seinen Eltern Fürsorge, denn dies ist für seine spätere seelische Gesundheit von hoher Bedeutung. Diese Erkenntnis der Psychatrie nimmt ständig zu. Entscheidend ist die Feststellung darüber, das kleine Kinder und Säuglinge eine warme, intime und stetige Beziehung brauchen, damit beide Genuss und Befriedigung erlangen. Wird die Beziehung zur Mutter, durch die Vater und Geschwistern bereichert, ist das die Grundlage für eine seelische Gesundheit und Charakterentwicklung.

Fehlt es Säuglingen und Kleinkindern an der eben beschriebenen Beziehungen, insbesondere zur Mutter, weil sie im Heim oder einer anderen Institution aufwachsen, erleiden sie Entwicklungsschädigungen. Wenn ein Säugling oder Kleinkind nicht die nötige Zuneigung, Wärme und Zärtlichkeit von der Mutter bekommt oder es ihm entzogen wird, dann wird dieser Zustand Mutterentbehrung genannt. Durch die Mutterentbehrung, wenn ein Kind von seiner Mutter getrennt ist oder die Mutter ihr Kind ablehnt entsteht dadurch eine Deprivation. (Vgl. Bowlby 1972, 11)

Es werden zwei Arten von Deprivationen unterschieden:

- partielle Deprivation: Das Kind ist bei der Mutter, aber erhält von dieser keine Zuwendung.
- totale Deprivation: Das Kind ist z.B. in einem Heim und ihm fehlt die individuelle Versorgung und ein bestimmter Mensch, bei dem es sich geborgen fühlen kann.

Die Folgen einer Deprivation unterscheiden sich mit ihrem Ausmaß nach Intensität:

- Partielle Deprivation:

Führt zu Angst, exzessive Liebesansprüche, kraftvolle Hassgefühle, Schuld, Depression: daraus folgt, dass die Fähigkeit zum Auseinadersetzen mit Gefühlen und Trieben fehlt und daraus folgt eine Störung des innerseelischen Lebens, welches zur Entwicklung nervöser Störungen und charakterlicher Labilität führt.

- Totale Deprivation:

Sie hat tiefgreifenden Einfluss auf die charakterliche Entwicklung. Sie kann die Fähigkeit mit anderen Menschen Kontakt aufzunehmen völlig zerstören.

4.1. Methoden

Das Buch beschäftigt sich vor allem mit der totalen Deprivation, welche ein Kind erleidet, wenn es in einer Institution war und es ihm an individueller Versorgung, Liebe, Intimität durch eine vertraute Person gefehlt hat. Die Konzentration der Studie geht auf die sich entwickelnde Beziehung des Kindes zu Vater und Mutter zurück, welche viele am Ursprung liegenden seelischen Erkrankungen aufhellen. Die Beziehung zum Vater wird nur im Einzelnen behandelt und ist für unser Thema nicht relevant.

Dieser Standpunkt wird von der Studie mit 102 delinquenten Jugendlichen im Alter von 15 bis 18 Jahren in einem Fürsorgeerziehungsheim in England lebenden, bereichert. Die zeigten, wie eine unbefriedigende frühkindliche Beziehung Ängste hervorruft und zu antisozialen Verhalten führt. Dies Ängste werden als typische Reaktionen von Mutterentbehrung festgehalten. (Vgl. Bowlby 1972, 12) Das Buch beschäftigt sich nicht mit den anderen krankmachenden Mutter-Kind- Beziehungen.

Fast das ganze Beweismaterial stützt sich auf die Beziehung zur Mutter. Allerdings ist zu erwähnen, dass die Bedeutung der Vater-Kind-Beziehung bei der materiellen und gefühlsmäßigen Unterstützung der Mutter als gegen vorausgesetzt wird.

Ein Teil der Forschungsarbeit, auf die sich gestützt wird, stammt von Psychiatern und Psychologen. Theorien stimmen mit verschiedene Beispiele aus der Biologie mit Vögeln und Hunden überein. Ereignisse in der frühen Lebenszeit eines Kindes können tiefe und weitreichende Wirkung haben. (Vgl. Bowlby 1972, 15)

Die Studie hat sich damit befasst, wie man die Schäden einer Deprivation erkennen kann. Dafür wurden Säuglinge und Kleinkinder beobachtet sowie ältere Kinder, die als Säuglinge an Mutterentbehrung gelitten haben.

Hierbei werden drei Hauptgruppen von verschiedenen Quellen für die Beweise unterscheiden, dass Entbehrung von Mutterliebe in der frühen Kindheit weitreichende Einflüsse auf die seelische Gesundheit haben kann:

a) Erkenntnisse aus direkten Beobachtungen an von Kindern in Heimen, Krankenhäusern und Pflegestellen über die seelische Gesundheit und Entwicklung. Dies sind die direkte Studien.

b) Retrospektive Studien. Sie befassen sich mit der frühen Kindheit von Jugendlichen und Erwachsenen, welche an psychischen Krankheiten leiden.

c) Laufende Studien (a. begleitende) Studien. Sie befassen sich mit laufenden Beobachtungen von Kindern, welche in der frühen Kindheit unter Deprivation gelitten haben. Ziel ist es hier, den Grad ihrer seelischen Gesundheit zu bestimmen.

Die zahlreichen direkten Studien zeigen, dass die Entwicklung eines Kindes fast immer verzögert verläuft, wenn es die Betreuung der Mutter entbehren musste. (Vgl. Bowlby 1972, 18) Dies galt physisch, intellektuell und sozial. Zudem traten körperliche oder seelische Krankheiten auf. Die Gefahr bestünde bei alle unter 7- Jährigen. Probleme und eine Erklärung gibt es nicht darüber, warum einige Kinder geschädigt werden und andere nicht. Die Wirkung von Einflüssen wie Alter des Kindes, Dauer und der Grad der Deprivation berücksichtigt, um sich diesem Thema zu nähern.

Ergebnisse nach der mütterlichen Betreuung von Säuglingen in Heimen ergeben, dass viele Säuglinge bei der Trennung von der Mutter schädliche Wirkungen aufweisen. Diese Beweismaterial zeigt, „dass die Entwicklung eines Heimkindes bereits von einem sehr frühen Alter an hinter der des Familienkindes zurückbleibt." (Bowlby 1972, 19) Beschriebene Symptome wären, wenn Kind Mutter entbehren musste:

- Es beim Anblick eines menschlichen Gesichtes nicht lächelt,
- auf zärtliche Laute nicht reagiert,
- keinen Appetit hat oder nicht gedeiht, trotz guter Nahrung. (Vgl. Bowlby 1972, 19)

Die retrospektiven und laufenden Studien zeigen, dass einige Kinder für ihre ganzes Leben ernstlich geschädigt worden sind.

Es gibt zahlreiche positive Beweise, dass die verschiedensten Störungen auf Mutterentbehrung beruhen. Es gibt Gründe für die Annahme, dass Entwicklungsverzögerungen um so größer seien, je länger eine Deprivation andauert. Experimentell wurde nachgewiesen, dass, wenn eine Mutter-Ersatz-Person das Kind pflegt der Schaden einer Deprivation verringert werden kann.

Auf die Frage, warum sich bei einem Kleinkind eine Art Depression entwickelt, wird geantwortet, dass es allgemein charakteristisch für Kleinkinder, welche bis zum Alter von sechs bis neun Monaten eine glückliche Beziehung zur Mutter hatten, welche plötzlich von ihr getrennt werden und kein Ersatz zur Verfügung gestellt werden kann. Es reagierten von 95 untersuchten Kindern 20 % mit einer schweren Depression und 27% mit einer leichteren Form auf die Trennung. Das typische Verhalten des Kleinkindes, welches die Mutter entbehren musste, ist schweigsam, ruhig, unglücklich und reagiert nicht auf ein Lächeln oder Anreden. Bei einer systematischen Studie mit Kinder im Alter von sechs und zwölf Monaten kam heraus, dass der Zustand den sie zeigen, Kennzeichen einer Art Depression aufwies:

- traurige und ängstliche Stimmung,
- Rückzug aus der Umgebung,
- kein Versuch mit fremden Menschen in Kontakt zu treten,
- keine Stimmungsaufheiterung bei Kontaktaufnahme zum Kind,
- Tätigkeitsdrang geht zurück, liegt und sitzt unbeweglich starr,
- gestörter Schlaf und Appetit
- Gewichtsverlust,
- Neigung zu Infektionen
- Entwicklung verlangsamt sich. (Vgl. Bowlby 1972, 19-23)

Schädliche Folgen der Deprivation durch Mutterentbehrung können durch die Anwesenheit einer Mutter-Ersatz-Person in den ersten drei Lebensjahren eines Kindes nur unbefriedigend vermieden werden, aber trotzdem sollte diese Alternative immer gegeben sein. Ist das Kind zwei, drei Jahre alt, ist die Trennung zwar nicht mehr so heftig, aber die Ersatzmutter hat Schwierigkeiten angenommen zu werden. Es wird die Vermutung angestellt, dass Kinder,

welche einen innigen und glücklichen Kontakt zur Mutter hatten am meisten leiden.
(Vgl. Bowlby 1972, 24f) Nach der Rückkehr der Mutter nach ihrer Trennung des Kindes, kann das Kind gefühlsmäßig eingefroren sein, eine Unfähigkeit zeigen, Gefühle auszudrücken oder unfähig werden zu sprechen. Tauen die Kinder dann wieder auf, verstehen sie nicht, warum sie von ihrer Mutter getrennt wurden. Die Antwort auf die Frage, wann das Kind bei einer Trennung der Mutter keine Schäden mehr erleidet, lautet, dass die Gefahr bei drei und fünf Jahre alten Kindern nicht mehr so stark ist. In diesem Alter können sie durch Erklärungen verstehen lernen, warum die Trennung erfolgen muss und ein ungefähres Zeitgefühl aufbauen. Kinder im Alter von über fünf Jahren haben ein geringeres Gefahrenrisiko, jedoch muss die Trennung sorgfältig vorbereitet werden und von den Kinder eingeordnet werden, warum die Mutter sie verlassen muss. Ältere Kinder können wiederum die Mutter besser entbehren, je besser ihre Beziehung zu ihr war. In jeden Fall hängt es immer davon ab, wie die Mutter das Kind auf die Trennung vorbereitet. Forscher stellten heraus, dass eine Häufigkeit bei Kindern, welche kriminell wurden und den Eindruck vermittelten unbeliebt zu sein und zudem noch unlenkbar, ihre Beziehung zur Mutter in den ersten Lebensjahren gestört war. Die unangenehmen Verhaltensweisen gehen von Stehlen, Gewalttätigkeiten über in Egoismus und sexuelles Fehlverhalten.

Offensichlich ist es zudem so, dass Kinder, welche in früher Kindheit keine liebevollen Beziehungen erlebt haben, mehr oder weniger unfähig mit Menschen in eine gefühlsmäßigen Kontakt zu treten. Sie haben Schwierigkeiten Zuneigung zu empfangen oder zu geben. Dies betrifft insbesondere Kinder welche in Heimen oder anderen Institutionen aufgewachsen sind. Diese Kinder erleiden einen Mangel an affektiven Bindungen. Heimkinder zeigen demnach eine isolierte Persönlichkeitsreifung.

Bowlby sagt, dass viel dafür spreche, dass die häufigste Ursache für die kriminelle Charakterentwicklung die langanhaltende Trennung des Kindes von der Mutter oder der Mutterersatzperson während der ersten 5 Jahre sei.

Untersuchungen eines Arztes bei erwachsenen Patienten haben ebenfalls ergeben, dass Liebesentzug die Ursache ihrer psychischen Störungen sei. Dies hatte die Folge, dass in der Kindheit Liebesentzug erlebt wurde. Hier gehört zur Deprivation Tod eines Elternteils oder Trennung von den Eltern hinzu.

Je vollständiger die Deprivation in den ersten Lebensjahren erlebt wurde, desto gleichgültiger ist dieser Mensch gegenüber der Gesellschaft und desto einsamer wird er, je häufiger seine Deprivation immer wieder von Augenblicken der Befriedigung unerbrochen wurde, desto mehr wendet es sich gegen die Gesellschaft und leidet an einer Ambivalenz der Gefühle von Liebe und Hass gegen die glücklichen Personen. (Vgl. Bowlby 1972, 26-40)

Den Blick auf andere Untersucher gerichtet ergibt, dass man sich klar machen soll, dass nicht alle Säuglinge und Kleinkinder unbedingt die geschilderten Erfahrungen machen.

So länger man sich mit dem Thema befasse, desto mehr wird man davon überzeigt, dass Ergebnisse mit der Exaktheit der psychologischen Untersuchungen abhängig sind. Für zukünftige Forschungen muss deswegen mit Sorgfalt auf das Alter des Kindes, die Dauer der Deprivation und auf die Mutter-Kind -Beziehung vor der Trennung und gegebenenfalls die Erfahrungen mit der Mutter-Ersatz-Person und darauf geschaut werden, wie das Kind von dieser aufgenommen wurde und wie es war, als es wieder zu hause war.

Goldfrab und Lowrey berichten, dass alle Kinder, die in früher Kindheit im Heim lebten, sich schlecht entwickelten. Andere Untersuchungen ergaben, dass viele dieser Kinder als Erwachsene ein befriedigendes Maß an Anpassung erreicht. Darauf könne man sich nicht verlassen.

Ergebnisse aus der USA 1924 über soziale Anpassung Erwachsener, welche als Kinder in Pflegefamilien waren zeigen, dass sie wesentlich schlechter angepasst waren als diejenigen, die in den ersten fünf Jahren in den eigenen Familien gelebt hatten.

Drei Untersuchungen, welche Zweifel aufkommen lassen könnten, weisen keine große Exaktheit auf.

Eine Untersuchung mit so vielen Unzugänglichkeiten kann die einmütigen Ergebnisse der früher erwähnten Arbeiten nicht in Frage stellen.

Bei weiteren Untersuchungen wird hinzugefügt, dass Trennung ein relativer Begriff ist. Es handelt sich z.B. nicht um eine vollständige Vernachlässigung der Eltern –Kind -Beziehung.

Auch andere kleine Berichte, lassen die Beweiskraft der Untersuchung nicht einschüchtern.

Aus einem Zitat des Pestalozzikinderdorfes Trogen in der Schweiz hiess es, dass eine lange Zeit ohne individueller Erziehung und persönlicher Bindung es zu einer seelischen Verkümmerung komme.

Eine andere Studie im Jahr 1944 mit in Heimen lebenden jüdischen Kindern zwischen 11 und 17 Jahren zeigte, dass für die Flüchtlingskinder das Schlimmste die Trennung von den Eltern war, als andere Erlebnisse. (Vgl. Bowlby 1972, 40-45)

Die Studie besitzt die Tatsache der Übereinstimmigkeit und Bekräftigung von unterschiedlichen Forschern. Abweichende Meinungen sind in der Minderzahl.

Die These, dass eine lange anhaltende Mutterentbehrung erste und folgenschwere Einflüsse auf die Charakterentwicklung und damit auf das ganze weitere Leben des Kindes haben kann, kann als bestätigt angesehen werden.

Es ist Tatsache, dass Mutterentbehrung die kindliche Entwicklung schädigen kann:

a) während der Zeit der Trennung
b) während der Zeit unmittelbar nach der Rückkehr zur Mutter und
c) in zumindest einer kleinen Zahl von Fällen für immer." (Bowlby 1972, 47)

Die Ergebnisse zeigen, dass drei voneinander verschiedene Erfahrungen den „gefühlsarmen" und kriminellen Charakter einiger Kinder hervorbringen kann:

a) „ein völliger Mangel an Gelegenheit zur Bildung irgendeiner Mutterbeziehung in den ersten drei Lebensjahren.

b) eine begrenzte Zeit der Mutterentbehrung - wenigstens drei Monate und wahrscheinlich mehr als sechs - in den ersten drei Lebensjahren.

c) häufiger Wechsel von einer Mutterfigur zu anderen in diesem Zeitraum." (Bowlby 1972, 48)

Die Wirkungen auf die Persönlichkeitsentwicklung von Kindern ist abhängig von den Erfahrungen im jeweiligen Alter.

Es kann festgestellt werden, dass die im zweiten Lebensjahr stattfindende Deprivation als die von größter Bedeutung sei. Eine Unstimmigkeit besteht über das Alter, in der eine Mutterentbehrung die größten Folgen haben kann. Bowlby stellt bei seinen Fällen fest, dass die Trennungen, welche Schäden mit sich ziehen immer bei Kindern im zweiten Lebensjahr und die Mehrheit im ersten Lebensjahr auftraten.

Es besteht die Einstimmigkeit und die Beweiskraft der direkten Beobachtungen, dass eine Deprivation während der ersten Monate der seelischen Gesundheit Schaden zufügen kann. Die Zeitspanne, in der ein Teil des Schadens wieder gutgemacht werden kann, macht aus, das bei vielen Säuglingen, welche rechtzeitig gute mütterliche Fürsorge erlebten. Die Zeitgrenze der meisten Säuglinge liegt bei 12 Monaten. (Vgl. Bowlby 1972, 49)

4.1.1 Schwierigkeiten der Untersuchungsmethoden

Um Erkenntnisse zu verbessern, dass Mutterentbehrung im Säuglings- und Kindeshalter zu Unordnung führt, gehört es zu den Aufgaben über die weitern Informationen benötigt werden, zu forschen. Dazu sollte eine Festlegung einer Sicherheitszone stattfinden „a) in der eine Deprivation, wenn unbedingt nötig erlaub werden kann, und b) innerhalb welcher es noch es Zeit ist, den entstanden Schaden wieder gutzumachen." (Vgl. Bowlby 1972, 63)

Methodisches Vorgehen war immer so, dass eine Theorie ausgestellt wurde und dann durch Beobachtungen geprüft wurden. Probleme gibt es aber immer noch bei der Art und Weise der Testung:

- unmöglich Kinder in verschiedenen Altersstufen für kürzere oder längere Zeit experimentell einer Mutterentbehrung auszusetzen;
- Kinder zu finden, die der Mutterentbehrung ausgesetzt waren oder sind;
- Idealfall wäre Testgruppe, welche aus gesunden Kindern aus gesunder Herkunft bestehen würde, bei denen man sicher sein kann, nur mit der Wirkung der Trennung zutun zu haben, müssten alle anderen Faktoren welche zu seelischen Störungen führen könnten ausgeschaltet werden.

In der Praxis sind ideale Voraussetzungen selten:

- vernachlässigte Kinder sind krank oder stammen aus labilen Verhältnissen;
- Klima von Familien lässt zu wünschen übrig: Zerrüttung, Verwahrlosung oder Tod:
- Erlaubnis zur Studie schwierig, da sie intimen Kontakt fordert.

Beste Ergebnisse werden durch Befragungen vermutet. Eine Feststellung geht davon aus, dass nur sorgfältig geplante Untersuchungen mit gut ausgelesenen Fällen genügen, welche Aussicht haben, die Wirkung aller benötigter Faktoren aufzudecken. (Vgl. Bowlby 1972, 64ff)

4.2. Erziehungsaufgaben der Mutter - Wie viel Mutter braucht das Kind

Wie wichtig die Mutter-Kind-Beziehung in den ersten Lebensjahren für den Säugling, das Kleinkind ist, wurde in den vergangen Kapitel beschrieben. Draus ergeben sich angeknüpft an

Bowlby diverse Erziehungsaufgaben der Mutter. Bowlby sagt, je besser eine Mutter das Wesen ihres Kindes kennen lernen würde, desto leichter und befriedigender wäre es für sie, die anstrengende, zeitraubende Aufgabe Säuglinge und Kleinkinder zu versorgen anzunehmen. (Vgl. Bowlby 1972, 17) Woraus sich für die Mutter die Erziehungsaufgabe ergibt, dass sie das Wesen des Kindes verstehen lernen müsse. Da Säuglinge oder Kleinkinder noch nicht fähig sind, überlegt zu denken und deswegen noch nicht fähig, die eigenen Zwecke mit den Bedürfnissen anderer in Übereinstimmung zu bringen, bekommt die Mutter die verantwortungsvolle Aufgabe in diesem Sinne für ihren Säugling ihr Kind zu handeln. Sie bestimmt wo es sein soll, wann es isst, schläft und gewaschen werden soll. Die Mutter ist diejenige, welche für es in jeder Weise sorgt. Sie verkörpert seine Persönlichkeit, sein Gewissen. Lernt der Säugling das Kleinkind allmählig die Fertigkeiten, übergibt die Mutter ihm die Rolle, welche sie ausgeführt hat. Dies wird als langsamer, subtiler und kontinuierlicher Prozess, welcher mit den Laufen und selbständig essen lernen beginnt und mit dem Eintritt ins Reifealter langsam endet.

Dazu wird gesagt, dass die Entfaltung des kindlichen Selbst und seines Gewissens nur dann befriedigend sein kann, wenn die ersten menschlichen Beziehungen des Säuglings und Kleinkindes kontinuierlich waren. (Vgl. Bowlby 1972, 54) Im Hinblick auf die Störungen der Persönlichkeits- und Gewissensbildung ist es notwendig, die Entwicklungsphasen des Kindes hinsichtlich seiner Befähigung zu menschlichen Beziehungen berücksichtigen:

a) Phase in der der Säugling eine bez. zu klar umschriebenen Person herzustellen versucht, also zur Mutter. Passiert im allg. im Alter von 5 bis 6 Monaten.

b) Phase, in der der Säugling diese Person immer um sich braucht. Phase geht im allg. bis zur Vollendung des 3 Lebensjahres.

c) Phase, in der das Kind fähig wird eine kontinuierliche Beziehung zur Mutter zu halten, auch wenn sie weg ist. Dies kann nur unter günstigen Umständen aufrecht erhalten werden, nur für wenige Tag oder Wochen im Alter von 4 und 5 Jahren. Im Alter von 7 oder 8 Jahren, kann die Abwesenheit auch nur mühsam über eine längeren Zeitraum gehalten werden.

(Vgl. Bowlby 1972, 55)

Das Alter, wie es die körperlichen Reifestufen des Kindes indem sich die Phasen entwickeln, schwanken. Ziemlich sicher ist es, dass die Art und Schwere der Deprivation der folgenden Schäden vom Entwicklungsstand des Kindes abhängen.

Die Mutter welche für ihr Kind abstrakt gedacht hat und ihren Säugling verlässt, fördert das Scheitern der Persönlichkeitsentwicklung heraus. Dass Kind hat nicht gelernt abstrakt zu denken oder selbstständig und gewissenhaftes zu Handeln. Dies macht eine Persönlichkeit im volle Sinne aus, diese kann dadurch nicht richtig entfalten, wenn das Kind nicht befriedigend abstrakt denken gelernt hat. (Vgl. Bowlby 1972, 57)

Wird ein Kind aus welchen Gründen auch immer von der Mutter getrennt, wird es getroffen. Wie stark, zeigt sich daran ob der Kontakt mit der Mutter innig und glücklich war, dies leiden kein unerträgliche angst. Kinder mit schlechter Mutter-Kind-Beziehung können die Trennung missverstehen, weil sie von Unsicherheit geprägt sind, und ob dass Kleinkind Beziehungen zu Mitmenschen herstellen konnte. Wichtig ist, dass das Kind die Fähigkeit besitzt, die Trennung einigermaßen nachzuvollziehen. Ein älteren Kind kann die Mutter umso mehr entbehren, desto besser die Mutter-Kind-Beziehung ist.

Passiert die Trennung in den erste Lebensjahren des Kindes, ist die Persönlichkeitsentwicklung des Kleinkindes noch am reifen, wird es von der Mutter getrennt, steht es vor einer neuen Situation mit neuen Aufgaben. Hier kann es möglich sein, dass alle erworbenen Fähigkeiten verloren gehen. Die Kinder können wieder babyhaftes Verhalten und Denken zeigen. Dies fällt ihnen sehr schwer wieder zu überwinden. Das Kind kann nun negative Gefühle entwickeln, die mit starker Ablehnung verbunden sei können. Dies kann wahrscheinlich mit der Unfähigkeit des Kindes zusammenhängen, welche zusammen mit dem Verlust der erworbenen Fertigkeiten entstanden sind. Die Feindseligkeit kann sich ausdrucken durch:

- Wutanfälle
- Gewalttätigkeit
- Worte.

Diese Verhalten drückt aber den Wunsch der Kinder aus nach Liebe und Sicherheit aus und ist verbunden mit Konflikten, Angst und Depression und zukünftiger sozialer Anpassung. Aggressives und kriminelles Verhalten entsteht dadurch, dass die Kinder weit davon entfernt sind, die Eltern zu idealisieren wie sie zu werden, dies lässt die Kinder sie hassen. Das alles kann schließlich zu Selbstmord, zur Alternative zum Elternmord führen. (Vgl. Bowlby 1972, 59) Daraus folgt, dass die Kinder lernen, dass man eine Person die man liebt auch gleichzeitig hassen muss.

Eine Deprivation im Alter von drei oder vier Jahren, in der dritten Phase, hat auf die Persönlichkeitsentwicklung keine so destruktive Wirkung mehr, und die Fähigkeit abstrakt zu denken wird weniger geschädigt. (Vgl. Bowlby 1972, 60) In der zweiten und dritten Phase verstärkt sich die Neigung eine Situation nicht richtig zu verstehen mit der Schwierigkeit, dass das Kind noch keine ausgebildeten Zeitsinn hat. Ein Tag, ist wie eine Woche und eine Woche wie Monate. Dies muss man sich, hier die Mutter oder Mutter-Ersatz-Person bewusst machen, wenn man die Verzweiflung eine Kindes verstehen will. Dieses nicht Vorstellen der Zeit, wie lange die Mutter weg ist und das Gefühl der Hilflosigkeit löst die Angst und Verzweiflung aus. Die Kinder empfinden die Trennung von der Mutter als eine Bestrafung, Schuld und nicht artig gewesen zu sein. Nur wenn die verworrene Zeit, welche das Kind durchgemacht hat, versucht wird zu verstehen und gesehen wird, dass das Kind Schwierigkeiten mit Vertrauen hat, kann es möglich werden, es aus der Vergangenheit zu lösen und ihm ein befriedigendes Leben zu ermöglichen. (Vgl. Bowlby 1972, 61)

Erziehungsaufgaben für die Mutter lassen sich demnach weiter Folgendermaßen zusammenfassen, dass das Kind die Mutter allermeisten in den ersten Lebensjahren braucht und zwar liebevoll und kontinuierlich, damit es sich seelische gut entwickeln kann. Ihre Beziehung zum Kind muss erstgemeint sein und von Warmherzigkeit, Liebe, Zuwendung, Zuneigung, seelischen Kontakt, medizinischer Pflege erfüllt sein. Der Kontakt sollte allgemein innig und liebevoll gestalten werden. Wenn Trennungen anstehen, müssen diese gut überlegt und vorbreiten werden und sollten in den ersten, frühen Lebensjahren vermeiden werden. Die Alternative einer Ersatz-Person muss die Mutter geben sowie sie sich nicht zu lange vom Kind trennen sollten und nach ihrer Rückkehr rücksichtvoll und verständnisvoll auf das Kind reagieren sollte.

5. Lebenssituation der heutigen Müttern

In diesem Teil stellen wir eine Untersuchung über die psychosoziale Situation der heutigen Mütter vor. Diese wurde durchgeführt von einer Studentin aus Österreich, Frau Wilbirg Donnenberg, anhand qualitativer Sozialforschung- problemzentrierte Interviews. Die Untersuchung ist in ihrem Buch „Mutter im Widerspruch „ dargestellt worden. Sie befragte 12 Müttern zwischen 24 und 35 Jahre in einer Mutter-Kind-Gruppe aus Wien und Salzburg.

In folgendem werden theoretische Grundlagen des qualitativen Interview dargestellt und im nächsten Teil die praktische Umsetzung.

5.1. Methodenteil - Das qualitative Interview

Das qualitative Interview wird häufig angewendet in der sozialwissenschaftlichen Forschung als Datenerhebungsverfahren. In die Gruppe dieser Interviewtechniken gehört das klinische, biographische, problemzentrierte, ethnographische, fokussierte, diskursive, narrative sowie auch das Experteninterview. Der mündlichen Befragung oder dem Einzelinterview wird eine Schlüsselrolle als Erhebungsmethode verbaler Daten zugesprochen. Mit dieser Erhebungs-Methode lässt sich grundsätzlich der konstitutive Sinn, der sozialem Handeln zugrunde liegt, in einer Form der sprachlichen Explikation ermitteln, und zugleich kann die erforderliche Reflexion durch die Forschenden hinlänglich gesichert werden. (vgl. Schmidt-Grunert, S.35 ff)

Im Gegenteil zum quantitativen Interview werden im qualitativen offene Fragen gestellt, die Anzahl der Befragten muss nicht immer festgelegt sein, entscheidend sind dabei Informationen der subjektiven Perspektive der Befragten, die bei der Auswertung interpretiert werden. (ebenda)

Historisch gesehen ist das Interview in der klinischen und psychologischen Tradition angesiedelt. Das Interview wurde als ein Forschungsmittel im klinischen Kontext – der Arzt macht sich ein Bild durch Informationen seinen Patienten – entdeckt. In der psychologischen Testtradition ist das Interview als ein Erhebungsinstrumentarium vor allem zur Einstellungsmessung und zur Erstellung von Einstellungsskalen verankert. (ebenda)

5.1.1. Das problemzentrierte Interview

Wie schon in der Einleitung erwähnt wurde, wurde bei der Befragung zum Thema „Mütter in Widerspruch" ein problemzentriertes Interview angewendet.

Das problemzentrierte Interview wurde von Andreas Witzel (1982) entwickelt. Es betont die Notwendigkeit, die in Interviewäußerungen enthaltene Subjektivität und die darin aufscheinenden gesellschaftlich vermittelten Relevanzstrukturen zu reflektieren. Es eignet sich deswegen in der Betonung des doppelten Bezuges von Subjekt und Gesellschaft diese Erhebungsform für sozialpädagogische/ sozialarbeiterische Forschungsanliegen sehr gut.

Das Interview läst den Befragten möglichst frei zu Wort zu kommen, um einen offenen Gespräch nahe zu kommen. Es ist aber zentriert auf eine bestimmte Problemstellung, die der Interviewer einführt, auf die er immer wieder zurückkommt. Die Problemstelle wurde vorher vom Interviewer analysiert, er hat bestimmte Aspekte erarbeitet, die in einem Interviewleitfaden zusammengestellt sind und im Gesprächsverlauf angesprochen werden. (ebenda)

In der Ausrichtung auf eine problemzentrierte Fragestellung können unterschiedliche soziale Probleme in den Arbeitsfeldern auf das Wesentliche fokussiert aufgegriffen und eingegrenzt werden. Dieses Interview fokussiert die Aussagen in einem zweifachen Sinne: Zu einem sollen die subjektiven Aussagen über einen bestimmten Lebensbereich eingefangen werden, zum anderen sollen in diesen Aussagen kollektive, also allgemein gesellschaftliche Verhaltensmuster entdeckt werden. Es geht weder um Sondierungen von Persönlichkeits- merkmallen noch um klinische Zielsetzungen, sondern um individuelle und kollektive Handlungsstrukturen und Verarbeitungsmuster gesellschaftlicher Realität. (ebenda)

Das problemzentrierte Interview kennzeichnet drei Prinzipien, die den Forschungsprozess gestalten:

Das Prinzip der *Problemzentrierung:* es reflektiert den Ausgangspunkt der Forschung, der Forschungsgegenstand und Fragestellungen sollen dabei eingegrenzt werden;

Das Prinzip der *Gegenstandsorientierung:* der Forscher soll offen für die Besonderheiten des Untersuchungsfeldes bleiben;

Das Prinzip der *Prozessorientierung:* es betont die erkenntnisbezogene Prozesshaftigkeit der gesamten Erhebungs- und Auswertungsphase, die ständig reflektiert werden soll, um offen dafür sein, neue Erkenntnisse in den Untersuchungsprozess zu integrieren;

Die Datenerhebung

1. Der Kurzfragebogen – er soll gezielte Informationen über den sozialen Hintergrund der Befragten erfassen, die für den Interviewverlauf und die Interpretation der Gesprächsdaten wichtig sein können;

2. Der Gesprächsleitfaden – dieser organisiert das Wissen um den Problembereich und das theoretische Vorwissen, er hat die Funktion eines Orientierungsrahmes und einer Gedächtnisstütze und dient zur Unterstützung und Ausdifferenzierung von Erzählsequenzen;

3. Die Tonbandaufzeichnung – sie dient als Grundlage zur Transkription und ist dann als Auswertungsbasis für die Forschung bestimmt;

4. Das Postskriptum – es handelt sich um eine postkommunikative Beschreibung der Interviewsituation, die auf dem Tonband nicht erfasst worden sind, diese Notizen gehen in den Auswertungsprozess als ergänzende Informationen ein; (ebenda)

Die Auswertungsphase

Die Auswertung des in der Empirie erhobenen verbalen Textmaterials ist von besonderer Bedeutung, da der Forschende die ihm vorliegenden Texten im Bezug auf den Inhalt analysieren, interpretieren und deuten muss. Die Kunst solchen Sinnesverstehens besteht darin, den Bedeutungsinhalt der Textaussagen in der Perspektive der Befragten zu rekonstruieren und in deren Sinn zu interpretieren. Die Objektivität der Forschungsauswertung ist somit nicht, wie bei quantitativen Forschungen an vergleichbares Zahlenmaterial gebunden, sondern ist von möglichst genauen inhaltlichen Erfassung der subjektiven Äußerungen abhängig. Was der Sprecher aber mit seinen Aussagen wirklich meint, liegt oft nicht unmittelbar auf der Hand. Interviewsaussagen können einer Anzahl konkurrierender Deutungen stehen offen stehen, folglich muss im Forschungsprozess dokumentiert werden, auf welchem Weg die Auswertungsergebnisse erzielt wurden. Diese Transparenz ist ein wesentliches Kriterium für die wissenschaftliche Ausgewiesenheit und Objektivität einer qualitativen Untersuchung, da der Erkenntnisweg für andere nachvollziehbar werden soll.

Prinzipien der Auswertung von qualitativen Daten

Die Auswertungsphase stellt einen höchst sensiblen Vorgang in dem gesamten Forschungs-Prozess vor, der in Abhängigkeit von Datenmaterial unterschiedlich gestellt werden kann. Die Auswertung der erhobenen verbalen Daten orientiert sich unmittelbar an diesen. Die Textauswertung folgt in aller Regel dem Gesprächsleitfaden, der aufeinander folgende thematische Bereiche enthält. Die Interpretation der einzelnen Interviews erfolgt auf Grundlage von deren vollständiger oder selektiver Transkription und unter Bezugnahme auf Kurzfragebogen, Postskriptum und weiterer methodischer Elemente, sofern diese vorhanden sind. Die verbalen Daten werden sowohl insgesamt als auch Satz für Satz zur Kenntnis genommen und nachvollzogen, dann paraphrasiert und in einem ersten Schritt, dem weitere folgen, analysieren und zuletzt interpretieren. Im einzelnen sind folgende Schritte hilfreich:

Die genaue Kenntnisnahme des gesamten Interviews: Dies erfolgt auf Basis der vervollständigen Transkription des Interviews. Dabei können Situationsspezifiken, wie Pausen, Lachen, starke Betonung, leise Ausführungen u.a. gesondert gekennzeichnet werden. Diese linguistischen oder paralinguistischen Aspekte sind je nach Forschungsausrichtung und Forschungsziel in seinem Genauigkeitsgrad festzulegen.

Die Durchsicht des gesamten Transkripts: Diese führt zur Kennzeichnung thematischer Bereiche, einzelner Aspekte, eventuell zu einer vorläufiger Materialordnung.

Satz- für – Satz – Analyse: Inhaltlich verwandte Aussagen werden einander zugeordnet, textbezogene Zusammenhänge werden gekennzeichnet, Wiederholungen festgehalten und in diesem werden typische Kommunikationsmuster und andere Merkmale entdeckt.

Sequenzanalyse: Dadurch wird der Text in seiner sequenziellen Abfolge, also im nacheinander interpretiert.

Interpretation: Sie richtet sich unmittelbar an der Aussagekräftigkeit desselben aus und bezieht diese kritisch reflektiert auf das theoretische Vorverständnis und auch auf das vorhandene Erfahrungswissen.

Bildung von Auswertungskategorien: Diese entstehen auf dem Hintergrund des Materials, das nach Themen und Aspekten sortiert worden ist. Die Kategorien können vorläufig gebildet sein, im Zuge der Auswertung sollen die doch differenziert, präzisiert, ergänzt oder ersetzt werden. (ebenda)

5.2. Mutter im Widerspruch

Wie schon in der Einleitung erwähnt wurde, führte Frau Donnenberg Interviews mit jungen Müttern um ihre psychosoziale Situation zu erfassen. Als Forschungsfeld suchte sie sich zwei Mutter – Kind – Gruppen in Salzburg und Wien und wählte sich12 Frauen zwischen 24 und 35 Jahren für ihre Befragung, sie wurde 1990 durchgeführt. Die Frauen zeigten großes Interesse für die Beteiligung an der Untersuchung. Donnenberg führt deren Bereitschaft auf eine geringe Gelegenheit, über ihre Situation so wie auch ihre Gefühle und Erfahrungen mit der Mutterschaft zu sprechen zurück.

Eine wesentliche Motivation für ihre Untersuchung war, die Mutterschaft nicht vorrangig aus ihrer Bedeutung für das Kind zu begreifen, sondern den Blickwinkel auf die subjektive Wahrnehmung der Frau zu lenken. Gerade die Mutterschaft ist ein Bereich, aus dem in unserer derzeitigen gesellschaftlichen und politischen Realität große Benachteiligung für Frauen erwächst (z.B. Berufsleben, Einkommen …). Von Bedeutung war für Frau Donnenberg nicht nur die psychische Realität (z.B. weibliches Selbstkonzept, Erleben der Partnerschaft) sondern auch die Erfassung der sozialen Realität (z.B. Arbeitsteilung zwischen den Partnern, Rollenerwartung der Gesellschaft an die Frau…). (vgl. Donnenberg, S.11 ff)

Datenerhebung und Auswertung

Im Buch von Donnenberg wurde eine ausführliche Darstellung der Datenerhebung leider nicht angegeben, was eine Wiedergabe für unsere schriftliche Ausarbeitung des Referats erschwert.

Als Gesprächsleitfaden dienten für sie folgende drei Widersprüche:

1. Die Mutter zwischen Selbstverwirklichung und Selbstaufopferung

2. Die Mutter zwischen Anerkennung und Missachtung

3. Die Mutter zwischen Überpädagogisierung und Mutterinstinkt

Im 1. Teil wurde in theoretischen Grundlagen angedeutet, dass problemzentriertes Interview einen doppelten Bezug von Subjekt und Gesellschaft betont und diese Tatsache kommt auch in Donnenbergs Untersuchung vor. Sie stellt die Frage, ob die oben genannte Widersprüche gesellschaftlicher oder privater Art sind. Donnenberg schreibt, dass sie viele Frauen als ihre individuelle erleben. Bei genauem Hinsehen wird aber festgestellt, dass sie doch gesellschaftlich bedingt sind. (ebenda)

In folgendem werden kurze Interviews Ausschnitte zitiert und dann von der Autorin interpretiert im Bezug auf die allgemeine gesellschaftliche Situation. Diese Aussagen sind das eigene Erleben der Widersprüche von Seite der befragten Mütter in der heutigen Gesellschaft. Zu jedem Widerspruch habe ich je ein Zitat aus dem Buch übernommen.

5.2.1. Die Widersprüche

A) Zwischen Selbstverwirklichung und Selbstaufopferung

Zitat aus dem Interview:

„Am Anfang hab' ich gesagt, ich will nie wieder ein Kind. Ich kenne ja keine Leute mit Kindern, es war für mich der Sprung ins kalte wasser. Du musst einfach alles aufgeben, du kannst nichts mehr frei entscheiden, nichts mehr tun, was dir Spaß macht, du bist einfach so abhängig. Auch das finanziell Abhängigsein fällt mir so schwer. Wenn du jahrelang das Geld selbst verdient hast, und dann musst jeden Tag fragen: ‚Geh' Schatzi, lasst mir einen 100er zum Einkaufen da?' Das war für mich schon sehr arg. Du kriegst zwar öS 4.500,-, aber du hast ja Abzüge, und da bleibt nicht viel – es wird besser, wenn ich wieder arbeiten gehe"

(Helga, Sekretärin, 28 Jahre)

Im 19. Jahrhundert war die Lebensperspektive der Frau ganz anders als heute, sie lebte vor allem um Mutter zu werden. Heute aber stellt Muttersein für viele Frauen nicht mehr die einzige Lebensaufgabe dar, sie wollen mit ihrem Kind und nicht durch das Kind leben. Sie wollen sich als Einzelperson behaupten – eigenes Geld verdienen, unabhängig und selbstständig sein, sie wollen sich in der Ausbildung, im Beruf, in der Partnerschaft und auch im kreativen Bereich weiterentfalten. Die Ehe kann nicht mehr als Versorgungsinstanz betrachtet werden. Die Mütter leben heute in kritischer Distanz zum traditionellen patriarchalen Familien – und Geschlechtermodell.

Mit der Geburt des Kindes kommt es allerdings bei vielen Frauen zu einer radikalen Wende in ihrer Entwicklung – das Leitbild der selbstständigen Frau verliert seine Gültigkeit und sie werden wieder mit den alten traditionellen Rollenbilder konfrontiert. Vor allem Mütter, die vorher berufstätig gewesen sind fällt der Wechsel zum anderen Arbeitsleben – nämlich Arbeit fürs Kind und im Haushalt, besonders schwer. (ebenda)

Untersuchungsergebnisse:

Aus der Untersuchung ergab sich, dass die Hälfte der Frauen doppelwertige Gefühle dem Muttersein gegenüber beschreiben – sie sind stolz und freuen sich über das Kind, sie fühlen sich aber auch überfordert und haben Gefühl des Versagens.

50% der Befragten nehmen nach 1 jährigem Mutterschaftsurlaub ihr Beruf wieder an, Teilzeit und nicht alle Frauen werden in ihrem Berufswunsch vom Partner unterstützt.

Hälfte der Frauen betreut ihr Kind ohne Mithilfe des Partners, 50% der Befragten akzeptiert die traditionelle Rolle als Hausfrau und Mutter und ein Viertel zeigt große Enttäuschung über geringe Partnerbeteiligung. (ebenda)

B)   Zwischen Anerkennung und Missachtung

Zitat aus dem Interview:

„Ich hab nicht den Eindruck, dass es was Anerkanntes ist, ein Kind gut zu versorgen, nur in einer kleinen Subkultur. Durch die Schwangerschaft bin ich in der Hierarchie der arbeitenden Frau total abgestiegen. Auf der Klinik wurde ich von anderen Ärztinnen sehr schlecht behandelt – plötzlich hatte ich das Gefühl, meines Berufs entkleidet zu sein, wenn ich als Mutter unterwegs bin, man wird total respektlos behandelt auf der Straße. Ich finde es auch eine absolute Missachtung, so wenig Karenzgeld zu zahlen, eine totale Missachtung der Aufgabe, dass man ein Kind im 1. Jahr betreut."

(Irene, Ärztin, 30 Jahre)   ‚Karenzgeld' ist ein österreichisches Ausdruck für das Mutterschaftsgeld.

Einerseits setzt die Gesellschaft in die Frau feste Rollenerwartungen und macht sie zum wichtigen Faktor der Kinderentwicklung und anderseits erlebt die Mutter sehr geringe Anerkennung durch den Staat (weniger Mutterschaft – und Erziehungsgeld) und auch durch die Öffentlichkeit. Die Ratschläge vielen Experten zu einer gezielten Förderung des Kindes werden immer anspruchsvoller und umfangreicher – Es fängt schon mit der Schwangerschaftsgymnastik an, mit dem inneren Dialog und ausgewähltem Musikprogramm, nach der Geburt geht es weiter mit Stillgruppe, Säuglingsschwimmen und Babymassage.

Donnenberg schreibt, dass Mutterschaft zu einer „Ausschließlichkeitsbeschäftigung" wird; es werden immer weniger Kinder geboren, aber das Muttersein nimmt zu. Diese

Alleinverantwortlichkeit für das Wohl des Kindes überfordert psychisch viele Frauen und führt auch zu Schuldgefühlen. Im Gegenteil zu der Zeit „vor dem Kind", wann Frauen viele Möglichkeiten beruflicher Tätigkeiten hatten, gibt es in der Mutterschaft für alle nur ein gemeinsames Arbeitsfeld. Hier sind alle Frauen gleich, sie bekommen gleich wenig Geld. Durch den Verlust ihrer ökonomischen Selbstständigkeit sind sie auf die finanzielle Versorgung durch den Mann angewiesen. (ebenda)

Untersuchungsergebnisse:

Aus den Interviewaussagen stellte sich heraus, dass sich die meisten Mütter in vielen öffentlichen Bereichen unerwünscht gefühlt haben und im bisherigem Freundeskreis zeigte sich nur geringes Verständnis für ihre neue Situation – der Kontakt von kinderlosen Paaren wurden geändert zum Kreis Kleinfamilien. (ebenda)

C)   Zwischen Überpädagogisierung und Mutterinstinkt

Zitat aus dem Interview:

„In einem Buch lese ich, ich soll mein Kind immer Stillen, wenn es will. Im anderen wieder steht, dass ich es dadurch nur verwöhne, mir einen kleinen Tyrannen erziehe und mich an die fixen Stillzeiten halten soll. Im dritten (Buch) steht, ich soll auf meinen Gefühl hören, aber was ist da noch mein Gefühl, ich kenn' mich ja gar nicht mehr aus."

(Theresia, Pharmazeutin, 26 Jahre)

Viele Mütter fühlen sich in ihrer Rolle verunsichert, weil die traditionellen Erziehungsmuster immer weniger Relevanz zeigen, auch die eigene Mutter als Vorbild wird vom großen Teil abgelehnt.

So wie man im 19. Jahrhundert den Willen des Kindes brechen sollte, sollen die heutige Eltern die Bedürfnisse und Wünsche ihres Kindes wahrnehmen und verstehen, respektieren und erfüllen. Aus Unsicherheit suchen sie deshalb fachlichen Rat in Büchern und Zeitschriften. Die Autorin fragt dann ein bisschen ironisch – wie viele Bücher müssen die Mütter lesen um ihr Kind richtig zu erziehen ohne es zu schädigen? Die schnell wechselnden pädagogischen Erkenntnisse vergrößern leider nur deren Verunsicherung.

Das Eindringen der Wissenschaft in die Intimität der Kleinfamilie und die zunehmende Entmündigung der Eltern führt zu Überpädagogisierung der Kindererziehung. Das Verlangen nach einer fachlichen Kompetenz der Mutter wird immer größer – gleichzeitig bestehen aber auch die Leitbilder des Mutterinstinktes, die in unserem Alltagsbewusstsein eingegraben sind. Die Autorin schlägt den betroffenen Müttern und Vätern vor, ihre Erfahrungen in Eltern – Kind – Zentren oder Mutter – Kind – Gruppen auszutauschen. Die Widersprüche sollen offen besprochen und so nach außen getragen werden. (ebenda)

Untersuchungsergebnisse:

Alle Befragten Mütter zeigen große Interesse für Mutter- Kind- Gruppen, wo sie Kontakt zu anderen Mutter haben, eigene Erfahrungen und Informationen austauschen können. (ebenda)

5.2.2. Wünsche der Mütter

Die folgenden Wünsche stammen aus dem Buch „Wie viel Mutter Braucht der Mensch?" von Herrad Schenk, in dem sie die Geschichte und Gegenwart der Mutterschaft beleuchtet. Sie sind meiner Meinung nach treffend zu den oben genannten Widersprüchen, weil sie sich auch in den Untersuchungsergebnissen widerspiegeln. Es sind gleichzeitig Forderungen an die heutige Gesellschaft und Politik:

- mehr Teilzeitstellen und verschiedene Formen flexibler Arbeitszeit für Frauen und Männer
- stärkeres Einbeziehen der Väter in den Erziehungsurlaub
- Verbesserung und Ausbau von gemeinschaftlichen Erziehungseinrichtungen (vgl. Schenk, S.224ff).

6. Resümee

Bei einem Brainstorming mit den KommilitonInnen im Seminar, mit der Fragestellung : „Was macht für euch die „gute Mutter" aus?", entstand ein umfassendes und teilweise widersprüchliches Bild der Mutter. Genannt wurden auf der einen Seite Eigenschaften, die sich stark auf das Kind beziehen: Sie sollte gut und gesund Kochen können, ihre Kinder unterstützen, immer präsent sein, zärtlich zu ihnen sein, mit ihnen reden, sie lieben und selbst immer gleichbleibend geduldig und ausgeglichen sein.

Auf der anderen Seite bezogen sich Vorstellungen eher auf die Mutter selbst: Sie müsse in erster Linie selbst zufrieden und glücklich sein, auch unabhängig vom Kind, um eine „gute Mutter" sein zu können.

Ein drittes Bild bildete sich heraus: Das von der „guten Mutter", die vor allem eine gute Ehefrau sein muss.

Man könnte sagen, dass das Bild von Mutter, das in unserem Brainstorming erarbeitet wurde, mit seiner Umfassendheit, seinem Facettenreichtum und all seiner Widersprüchlichkeit durchaus dem normativen Bild der „guten Mutter" in unserer Gesellschaft entspricht. Welche Herausforderung das für Mütter in der Familie darstellt ist dadurch gut klar geworden: Den Ansprüchen von Mann, Kindern und sich Selbst gerecht zu werden kann eine innere Zerrissenheit herstellen. Die gesellschaftliche Erwartung, dass man dabei auch noch immer ausgeglichen und glücklich zu sein hat, erhöht den Druck ungemein.

Sich über die eigenen Erwartungen an „die Mutter" bewusst zu werden und zudem zu reflektieren, dass es von der eigenen Einstellung abweichende und doch gleichwertige Meinungen zu diesem Thema gibt war uns wichtig.

7. Literaturliste

Bowlby, John (1972): Mutterliebe und kindliche Erntwicklung. Ernst Reinhardt Verlag, München, Basel. S. 11-66. Originalausgabe 1953.

Donnenberg, Wilbirg (1993): Mutter im Widerspruch. Anton Pustet Verlag, Salzburg.

Peuckert, Rüdiger (2004): Familienformen im sozialen Wandel. Verlag für Sozialwissenschaften, Wiesbaden. 5.Aufl.

Schenk, Herrad (1998): Wie viel Mutter braucht der Mensch? Rowohlt Verlag, Hamburg.

Schütze, Yvonne (1986): Die gute Mutter – Zur Geschichte des normativen Musters „Mutterliebe". Klein Verlag, Bielefeld.

Schmidt-Grunert, Marianne (1999): Sozialarbeitsforschung Konkret, Verlag Lambertus, Freiburg im Breisgau